技工院校汽车维修专业（中级技能层级）

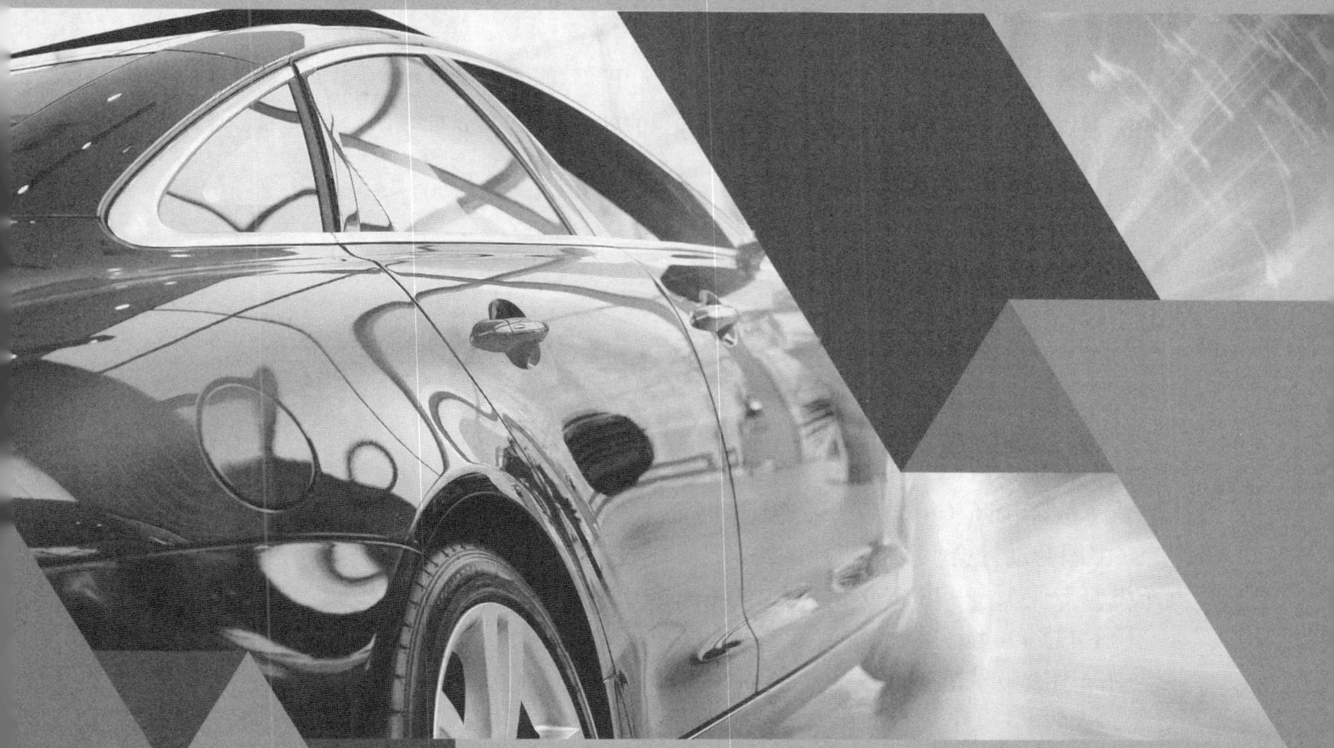

汽车故障诊断（第二版）习题册

商玉美◎主编

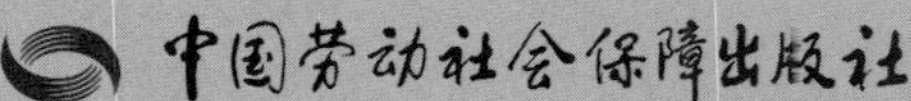

简介

本习题册是技工院校汽车维修专业模块化教材（中级技能层级）《汽车故障诊断》（第二版）的配套用书。内容紧扣教材的教学要求，注重基础知识的巩固，知识点分布均衡，题型丰富，难易适当，有助于学生复习巩固所学知识。

本习题册由商玉美主编，侯冲、周秋菊参与编写。

图书在版编目（CIP）数据

汽车故障诊断（第二版）习题册 / 商玉美主编 .

北京：中国劳动社会保障出版社，2024. --（技工院校汽车维修专业）. -- ISBN 978-7-5167-6802-0

Ⅰ. U472.42-44

中国国家版本馆 CIP 数据核字第 2024U7D518 号

中国劳动社会保障出版社出版发行

（北京市惠新东街 1 号　邮政编码：100029）

*

北京昌联印刷有限公司印刷装订　　新华书店经销

787 毫米 ×1092 毫米　16 开本　3 印张　58 千字

2024 年 12 月第 1 版　　2025 年 11 月第 2 次印刷

定价：7.00 元

营销中心电话：400-606-6496

出版社网址：https://www.class.com.cn

https://jg.class.com.cn

目 录

项目一　汽车故障诊断认知

任务❶　汽车故障诊断概述

一、填空题（将正确答案填在横线上）

1．汽车故障是汽车__________或__________丧失工作能力的现象，本质上是汽车零件本身或零件之间的______________发生了异常变化。

2．汽车异响是指汽车运行期间，其总成或零部件因____________而发生出超出正常________________的响声。

3．按照故障发生的速度，汽车故障可分为______________、______________。

4．汽车故障诊断的基本原则是先思后行、________________、________________、________________、代码优先、________________。

5．汽车故障诊断需具备的基本条件包括______________________、丰富的专业知识、____________________、丰富的维修经验以及____________________。这些条件共同构成了汽车故障诊断的坚实基础。

6．汽车故障诊断的基本方法可以归纳为六类，即____________________、问诊法、__________________、____________________、数据分析法和__________________。

二、选择题（将正确答案的序号填在括号内）

1．在汽车故障诊断过程中，应首先对那些简单且明显的区域进行检查，然后再逐步深入，这指的是汽车故障诊断要遵循（　　）的原则。

A．先思后行　　B．先外后内　　C．先简后繁　　D．先熟后生

2．在汽车故障诊断中，应利用已有的专业知识和经验，首先对相对熟悉的部件进行诊断，这指的是汽车故障诊断要遵循（　　）的原则。

A．先思后行　　B．先外后内　　C．先简后繁　　D．先熟后生

3．下列选项中，不属于汽车故障诊断常用方法的是（　　）。

A．直观诊断法　　B．仪器诊断法　　C．数据分析法　　D．拆解法

4．下列选项中，不属于汽车故障诊断时必须具备的基本条件是（　　）。

A．专业的诊断设备　　B．丰富的专业知识

C．足够的维修经验　　D．舒适的工作环境

5．按照汽车故障诊断的复杂程度，（　　）通常是故障诊断流程的开始步骤。

A．读取故障码　　B．拆解检查

C．直观检查　　D．系统匹配与编程

三、判断题（正确的打“√”，错误的打“×”）

1．在汽车故障诊断的基本原则中，“先思后行”意味着在开始检查之前，不需要对故障进行充分思考和分析。（　　）

2．在进行汽车故障诊断时，“先外后内”是指先检查汽车外部明显的故障现象，再考虑其内部复杂的故障原因。（　　）

3．“先简后繁”是汽车故障诊断的一条重要原则，意味着在诊断过程中应优先检查复杂繁琐的故障。（　　）

4．在进行汽车故障诊断时，如果维修人员对某个系统较为熟悉，可以先从该系统开始排查，这是汽车故障诊断的“先熟后生”原则。（　　）

5．如果汽车装备了 OBD（车载诊断系统），应优先读取故障码进行诊断，这体现了“代码优先”的原则。（　　）

6．专业的诊断设备、丰富的专业知识、严谨的诊断流程、丰富的维修经验和良好的工作态度都是进行高效汽车故障诊断的关键因素。（　　）

7．直观诊断法是指通过观察汽车故障的表象来初步判断故障原因的方法。（　　）

8．问诊法是指通过与汽车驾驶员或使用者的沟通，获取关于车辆故障信息的诊断方法。（　　）

9．问诊法是汽车故障诊断中唯一需要与用户沟通的方法。（　　）

10．数据分析法是指通过分析汽车故障码、数据流等信息来诊断故障的方法，不适用于配备 OBD 的车辆。（　　）

11．部件交换诊断法是指将可能的故障部件与正常的部件进行替换，观察故障现象是否消除，从而确定故障部件的方法。（　　）

四、简答题

1．请简述汽车故障诊断基本原则中“先思后行”的具体含义。

2．列举三种常见的汽车故障诊断方法，并简要说明其特点。

任务❷ 汽车故障诊断仪的使用

一、填空题（将正确答案填在横线上）

1．汽车故障诊断仪俗称________________，是专门针对汽车________________进行故障诊断的智能设备。

2．汽车故障诊断仪的主要功能包括故障检测与诊断、____________________、____________________、____________________、波形显示与比较、系统匹配与编程、____________________。

3．汽车故障诊断仪通过________________接口与车辆进行通信，以获取车辆电子控制系统的数据。

4．按照诊断对象的不同，汽车故障诊断仪可分为____________和____________。

5．道通 MS908S 是一款功能强大的汽车故障检测仪，其主要由两部分组成，一是________________________，主要作为诊断系统的中央处理器和监控器；二是________________________，主要用于访问和获取车辆数据。

二、选择题（将正确答案的序号填在括号内）

1．汽车故障诊断仪的主要功能不包括（　　）。

A．故障检测与诊断　　B．数据流监控与分析

C．燃油经济性优化　　D．波形显示与比较

2．在汽车故障诊断过程中，（　　）原则鼓励诊断者先考虑和验证最可能的故障原因。

A．先思后行　　B．先外后内

C．先简后繁　　D．代码优先

3．在汽车故障诊断过程中，利用（　　）可以显著提高故障诊断的效率。

A．丰富的专业知识　　B．专业的诊断设备

C．故障码信息　　D．丰富的维修经验

4．汽车故障诊断仪的常见使用方法中，不包括（　　）。

A．连接到车辆的诊断接口　　B．通过菜单选择特定系统进行诊断

C．直接更换损坏的传感器　　D．查看并记录诊断数据

5．汽车故障诊断仪可通过（　　）等方式识别车辆。

①自动扫描 VIN 码；②手动输入 VIN 码；③手动选择车型；④OBD 直接访问。

A．①②　　B．③④　　C．①②③　　D．①②③④

三、判断题（正确的打“√”，错误的打“×”）

1．汽车故障诊断仪只能用于故障诊断，不能作为车辆定期保养和维护的工具。（　　）

2．“自动扫描”功能是汽车故障诊断仪提供的一种高效诊断方式，可以快速定位车辆故障。（　　）

3．通过汽车故障诊断仪读取的故障码是车辆故障的唯一诊断依据。（　　）

4．使用汽车故障诊断仪时，应确保车辆发动机处于熄火状态。（　　）

5．数据记录与回放功能是汽车故障诊断仪的高级功能之一，可用于分析和比较汽车不同时间段的数据。（　　）

6．汽车故障诊断仪识别车辆信息（如 VIN 码、车型等）只能手动输入。（　　）

7．汽车故障诊断仪的系统匹配与编程功能只适用于特定品牌和型号的汽车。（　　）

8．汽车故障诊断仪的数据分析功能可以自动识别并解释所有类型的故障数据。（　　）

9．在使用汽车故障诊断仪之前，应详细阅读并遵守设备的使用说明书和安全规范。（　　）

四、简答题

1. 请简述汽车故障诊断仪在故障诊断过程中的重要作用。

2. 请简述汽车故障诊断仪的主要功能。

3. 在使用汽车故障诊断仪进行汽车故障诊断时，应先执行哪些基础操作？

项目二　汽车发动机故障诊断

任务1　润滑系统故障诊断

一、填空题（将正确答案填在横线上）

1. 发动机润滑系统的作用是显著减少运动部件之间的__________和________，同时兼具清洗、__________、密封、__________等多重功能。

2. 汽车发动机润滑系统的核心组件包括机油泵、____________、____________、机油冷却器、______________、______________、机油压力表和机油压力指示灯等。

3. 当汽车发动机出现机油消耗过大故障时，排气管通常会排放出______烟雾。

4. 发动机润滑系统的常见故障有___________________、___________________、___________________和_______________等。

二、选择题（将正确答案的序号填在括号内）

1. 下列选项中，不属于造成发动机机油压力过低的原因是（　　）。

A. 机油油量不足　　B. 机油变质

C. 机油压力传感器异常　　D. 燃油泵故障

2. 当发动机机油压力过高时，会导致（　　）。

A. 机油泄漏　　B. 发动机过热

C. 机油泵损坏　　D. 轴承润滑不良

3. 关于汽车发动机机油压力过高故障，下列说法错误的是（　　）。

A. 可能是机油滤清器堵塞　　B. 可能是机油泵压力调节阀失效

C. 不会对发动机造成损害　　D. 应检查机油油道是否堵塞

4. 导致汽车发动机机油变质的主要原因，不包括（　　）。

A. 混入冷却液　　B. 混入燃油

C. 机油使用时间过长　　D. 发动机高速运转

5. 导致汽车发动机机油压力过高的主要原因，不包括（　　）。

A. 机油压力传感器失效　　B. 机油油面过高

C. 发动机内部异响　　D. 机油道堵塞

三、判断题（正确的打“√”，错误的打“×”）

1．汽车发动机润滑系统的主要功能是减少零件间的摩擦和磨损，同时带走热量和清洁零件表面。（　）

2．发动机机油压力过低故障一定是由机油泵损坏造成的。（　）

3．检查机油油量时，应在发动机熄火后立即进行。（　）

4．检查机油滤清器时，只需观察其外观是否干净即可。（　）

5．发动机机油变质不会影响发动机的性能和使用寿命。（　）

6．发动机机油压力过高不会对发动机造成任何损害。（　）

7．当发动机机油压力过低时，应立即停车检查，以免发动机因润滑不足而造成损坏。（　）

8．发动机机油消耗过大一定是因为机油泄漏。（　）

9．检查发动机机油压力时，应在发动机冷机状态下进行。（　）

10．发动机机油变质不会影响发动机的润滑效果和性能。（　）

四、简答题

1．请简述发动机机油压力过低故障的诊断方法。

2．请简述造成发动机机油压力过高故障的可能原因及诊断方法。

3．请简述发动机机油变质的原因及危害。

任务❷ 冷却系统故障诊断

一、填空题（将正确答案填在横线上）

1. 汽车发动机普遍采用强制循环水冷却系统，其主要由______、水泵、______、水套、风扇、__________以及水温表、水温传感器和水温报警灯等核心部件组成。

2. 节温器的主要功能是为了调节发动机的________________，以保持发动机在最佳工作温度范围内运行。

3. 节温器有机械节温器和电子节温器两种。机械节温器主要基于__________的工作原理，通过蜡缸内的蜡控制阀门的开闭；电子节温器则是通过__________的信号来控制阀门的开度。

4. 发动机冷却液的循环路径有__________和__________两种模式。当冷却液温度低于规定值时，冷却系统工作在__________模式下，此时节温器__________；而当冷却液温度超过规定值时，冷却系统工作在__________模式下，此时节温器__________。

5. 冷却液一般都用染料着色，一旦发生外部泄漏会比较容易观察，正常的冷却液颜色应该是___________或者略带__________、红色或橙色。

6. 发动机冷却系统的常见故障有________________、发动机过冷（或升温缓慢）以及________________等。

二、选择题（将正确答案的序号填在括号内）

1. 下列关于机械节温器和电子节温器的说法，不正确的是（　　）。

A. 电子节温器能更精准地控制冷却液循环

B. 机械节温器成本较低

C. 机械节温器不受环境温度影响

D. 电子节温器融入了电控技术

2. 检查冷却液泄漏时，如果冷却液呈现混浊的白色或黄色，可能的原因是（　　）。

A. 冷却液与发动机机油混合　　B. 冷却液温度过高

C. 散热器泄漏　　D. 冷却液浓度过高

3. 下列故障原因，不会导致发动机过热的是（　　）。

A. 冷却液不足　　B. 散热器堵塞

C. 风扇不工作　　D. 喷油器故障

4. 发动机冷却系统最适宜的工作温度区间是（　　）℃。

A. 40 ~ 90　　B. 80 ~ 100　　C. 30 ~ 80　　D. 90 ~ 120

5．检查冷却液液位，应在发动机（　　）状态下进行。

A．热机　　B．冷机　　C．启动　　D．任意

三、判断题（正确的打“√”，错误的打“×”）

1．冷却系统的主要功能是保持发动机在正常的工作温度范围内稳定运行。（　　）

2．节温器的作用是调节冷却液的循环路径，以控制发动机温度。（　　）

3．发动机过热一定是冷却液泄漏引起的。（　　）

4．冷却液液位过低会导致发动机过热。（　　）

5．冷却系统不需要定期更换冷却液。（　　）

6．冷却系统泄漏一般都是由散热器破损所引起的。（　　）

7．电子节温器比机械节温器的调节精度更高。（　　）

8．散热器风扇的转速是恒定的，不受发动机温度影响。（　　）

9．冷却液颜色越深，说明其性能越好。（　　）

10．冷却系统中的空气会影响冷却液的流动性和冷却效果。（　　）

四、简答题

1．请简述发动机过热故障的诊断方法。

2．请简述冷却液泄漏故障的诊断方法。

3．一辆行驶里程 100 000 km 的 2018 款迈腾 B8 汽车，行车过程中出现水温报警灯点亮故障。

（1）根据这一故障现象，分析可能的故障原因。

（2）根据分析的故障原因，简单绘制故障诊断的流程图。

任务3 点火系统故障诊断

一、填空题（将正确答案填在横线上）

1. 汽车发动机点火系统主要由__________、点火开关、__________、分电器（或点火控制模块）、____________等部分组成。

2. 汽车发动机点火系统有传统点火系统和电子点火系统。相比传统点火系统，电子点火系统更加先进，其在传统点火系统的基础上，增加了____________________、____________________和发动机 ECU 等智能控制设备。

3. 在汽车发动机中，____________和交流发电机共同构成了确保点火系统稳定运作的______________。

4. 确保点火系统可靠性的关键在于______________，即在火花塞电极之间产生__________所需的电压。

5. 汽车发动机点火系统的常见故障有__________________、_________________和________________等。

二、选择题（将正确答案的序号填在括号内）

1. 在汽车发动机点火系统中，如果火花塞无法产生足够的电火花，最可能的故障原因是（　　）。

A. 喷油器故障　　B. 火花塞电极间隙过大

C. 点火时间过早　　D. 燃油压力过高

2. 检查汽车发动机点火系统，如果发现点火线圈的初级电压正常，但次级电压不足，可能的故障原因是（　　）。

A. 点火线圈损坏　　B. 火花塞积碳严重

C. 点火开关故障　　D. 蓄电池电压过低

3. 在电子点火系统中，如果发动机在特定转速下出现缺火现象，应首先（　　）。

A. 检查火花塞是否损坏　　B. 读取故障码并分析

C. 替换点火线圈　　D. 检查燃油压力

4. 汽车点火系统的主要部件不包括（　　）。

A. 蓄电池　　B. 燃油泵　　C. 点火线圈　　D. 火花塞

5. 为了确保每次点火都能成功，点火系统必须具备足够的高压储备，但如果次级电压过高，将会导致绝缘问题，并增加成本。因此，通常将次级电压限制在（　　）kV 以内。

A. 30　　B. 20　　C. 10　　D. 5

三、判断题（正确的打“√”，错误的打“×”）

1. 点火系统的主要功能是在适当时间产生高压电火花，以点燃气缸内的混合气。（　　）

2. 点火系统不需要稳定的低压电源电压即可正常工作。（　　）

3. 火花塞间隙过小或过大都会影响点火的性能。（　　）

4. 点火线圈如果出现故障会导致次级电压无法产生或次级电压过低，从而无法实现有效点火。（　　）

5. 点火系统产生的火花应具备足够的能量来点燃混合气。（　　）

6. 点火系统必须依照发动机的工作顺序进行点火。（　　）

7. 火花塞积碳过多不会影响点火效果，无须定期清洁或更换。（　　）

8. 如果点火线圈故障，一般不会导致发动机缺缸或动力下降。（　　）

9. 电控点火系统的控制单元（ECU），可以根据发动机的工作状况自动调整点火提前角。（　　）

10. 定期检查点火线圈和火花塞的绝缘性能是维护点火系统的重要措施。（　　）

四、简答题

1. 请简述发动机对点火系统的要求。

2．请简述火花塞的故障现象及可能的故障原因。

3．如果点火线圈出现故障，将会有哪些故障现象产生？

任务4 起动系统故障诊断

一、填空题（将正确答案填在横线上）

1. 发动机起动系统主要由____________、____________、点火开关以及相关电缆和起动继电器等组成。

2. 发动机起动系统的工作原理是通过起动机将蓄电池的____________转换为________，从而带动发动机以足够高的转速运转，使发动机能够顺利启动。

3. 无钥匙起动系统是指利用________________________技术，允许驾驶者在______________的情况下启动车辆，这一技术不仅增强了车辆的安全性能，也极大地提升了驾驶者的便利性。

4. 发动机起动系统的常见故障有______________、__________________和起动机空转等。

5. 若起动机的单向离合器出现滑动，会出现____________故障。

二、选择题（将正确答案的序号填在括号内）

1. 在起动系统故障诊断过程中，如果起动机不转，应首先检查（　　）。

A. 蓄电池电压　　B. 点火线圈

C. 燃油供给系统　　D. 变速器油位

2. 如果按下启动按钮，起动机无法正常运转只有微弱转动，可能的故障原因是（　　）。

A. 蓄电池电量不足　　B. 火花塞故障

C. 节气门位置传感器故障　　D. 变速器油太脏

3. 在对汽车无法起动故障进行诊断时，如果防盗系统指示灯点亮，应优先对（　　）进行检查。

A. 蓄电池电压　　B. 防盗系统

C. 起动机线路　　D. 点火线圈

4. 在起动系统故障诊断过程中，如果起动机空转但发动机不转动，最有可能的故障原因是（　　）。

A. 蓄电池亏电　　B. 离合器打滑

C. 起动机故障　　D. 节气门积碳

5. 起动机中直流电动机的作用是（　　）。

A. 为驱动发动机曲轴旋转提供动力

B. 控制电路通断，确保起动机仅在需要时工作

C. 负责散热，防止起动过程中起动机过热

D. 传递动力至发电机，为车辆提供电力

三、判断题（正确的打“√”，错误的打“×”）

1. 汽车发动机本身不具备自启动能力，为了使静止的发动机进入工作状态，需要依靠起动机驱动发动机曲轴旋转。 (　　)

2. 电磁开关故障是导致起动机无声且发动机无法启动的唯一原因。 (　　)

3. 起动机空转意味着起动机正常运转但发动机曲轴不转。 (　　)

4. 起动齿轮啮合不良只会导致起动机发出异常响声，不会造成空转。 (　　)

5. 起动机的功率越大，对蓄电池的放电能力要求就越高。 (　　)

6. 发动机无法启动时，只需检查起动系统，无须考虑其他系统。 (　　)

7. 起动机的传动机构内嵌有单向离合器，其作用是防止发动机反转时带动起动机旋转。 (　　)

8. 如果起动机能够转动但发动机无法启动，那么一定是起动机故障。 (　　)

9. 在检查起动系统时，应先断开蓄电池的负极电缆，以防止短路。 (　　)

10. 起动系统包括起动机、蓄电池、点火开关和发电机。 (　　)

四、简答题

1. 请简述起动继电器的主要作用及其故障诊断方法。

2. 请简述造成起动机空转的故障原因及解决方法。

3. 请简述造成起动机运转无力的故障原因。

4. 在对起动系统进行故障诊断的过程中，应如何检验电源？

任务5 燃油供给系统故障诊断

一、填空题（将正确答案填在横线上）

1. 发动机燃油供给系统的作用是在发动机运行的各种不同工况下，精确地调配出____________和____________的可燃混合气，并确保这些混合气能够准确无误地输送到__________中。

2. 燃油供给系统主要由____________、____________、________________、燃油导管（也称燃油分配管或油轨）、喷油器、燃油压力调节器和供油管路等关键部件组成。

3. 不同类型的发动机，其燃油供给系统的__________各异，因此在检测时应务必参照相应的____________。

4. 随着科技的进步，一些高端轿车在传统燃油供给系统基础上，进一步配备了______________，形成了__________系统的协同工作。

5. 在高压燃油系统中，发动机内的压力依据______与______的不同，维持在____________MPa 范围内。此高压环境显著提升了燃油的________效能，进而促进了混合气的优化形成，有效减少了废气的排放与煤烟的产生。

6．发动机燃油供给系统常见的故障有油路不供油故障、________________故障、________________故障以及________________故障等。

二、选择题（将正确答案的序号填在括号内）

1．在燃油供给系统中，油路供油不畅可能的原因是（　　）。

A．燃油泵不工作　　B．燃油滤清器堵塞

C．喷油器线圈损坏　　D．燃油箱燃油充足

2．在燃油供给系统中，如果出现“油路不供油”故障，应检查（　　）。

A．燃油泵是否工作　　B．点火系统是否正常

C．冷却液是否充足　　D．传动轴是否异响

3．在燃油供给系统中，燃油泵的主要作用是（　　）。

A．过滤燃油中的杂质　　B．将燃油从油箱中吸出并输送到发动机

C．调节燃油压力　　D．冷却发动机

4．下列选项中，不属于燃油供给系统故障诊断内容的是（　　）。

A．检查燃油滤清器是否堵塞

B．检查点火系统是否工作正常

C．测量燃油压力是否在正常范围内

D．检查燃油泵供电是否正常

5．在燃油供给系统中，喷油器堵塞通常会导致（　　）。

A．发动机启动困难　　B．发动机过热

C．制动系统故障　　D．变速器换挡不顺畅

三、判断题（正确的打“√”，错误的打“×”）

1．在燃油供给系统中，燃油滤清器的主要作用是过滤燃油中的杂质。（　　）

2．喷油器堵塞会导致发动机动力不足和油耗增加。（　　）

3．燃油滤清器可以永久使用，无须定期更换。（　　）

4．喷油器的喷射时间由发动机控制单元（ECU）根据传感器信号控制。（　　）

5．在燃油供给系统中，燃油压力调节器的作用是保持燃油压力在设定范围内。（　　）

6．发动机怠速不稳，一定是燃油供给系统的问题。（　　）

7．如果燃油供给系统出现泄漏，应立即停车进行检查。（　　）

8．燃油滤清器堵塞会导致燃油供给不足，影响发动机性能。（　　）

9．在燃油供给系统故障诊断过程中，一般使用燃油压力表测量燃油压力。（　　）

10．燃油泵继电器故障会导致燃油泵无法正常工作。（　　）

四、简答题

1．请简述燃油供给系统的工作原理。

2．请简述燃油供给系统油路供油不畅的故障原因。

3．如何判断燃油泵是否正常工作？

任务6 发动机异响故障诊断

一、填空题（将正确答案填在横线上）

1. 发动机异响是指发动机在运行过程中产生的非正常响声。其主要可分为两类，一是________导致的异响，二是__________引发的异响。

2. 发动机机体内异响包括____________、____________、__________和活塞销响等。

3. 发动机配气机构异响主要包括________和__________。

4. 发动机异响一般出现在发动机______、负荷、_____、______等发生变化时。

5. 当发动机怠速或低速运转时出现异响，可能的故障原因是__________、活塞销或连杆轴承装配过紧、____________。

6. 当发动机负荷发生变化时，出现“上缸”现象，即当某个气缸断火后，响声会减弱或消失，但当该气缸复火时，异响又会立即出现，可能的故障原因是连杆轴承松旷、__________、__________。

7. 发动机低温运转时出现异响，温度升高后异响减轻或消失，可能的故障原因是________________，活塞因主轴承润滑油槽深度、宽度失准或润滑油压力不足而导致润滑效果不良。

8. 曲轴每转一圈发出一次异响（火花塞跳火一次发出两次异响），可能的故障原因是________、活塞销敲击声、活塞顶碰撞气缸凸肩、________、________。

二、判断题（正确的打“√”，错误的打“×”）

1. 发动机出现异响说明发动机存在严重故障，应立即停车检查。（ ）

2. 曲轴主轴承异响通常与转速无关。（ ）

3. 活塞敲缸异响通常只在冷车启动时出现。（ ）

4. 液压挺柱异响通常是由挺柱磨损或失效所引起的。（ ）

5. 气门异响可能与气门间隙过大或过小有关。（ ）

6. 发动机过热时，一定会出现异响。（ ）

7. 在发动机异响故障诊断过程中，可以直接拆卸关键部件进行检查。（ ）

8. 发动机异响故障诊断不需要专业的诊断设备。（ ）

9. 发动机异响不会影响发动机的性能。（ ）

10. 发动机异响故障的诊断过程应遵循“先思后行、先外后内、先简后繁”的原则。（ ）

三、简答题

1．请简述曲轴主轴承出现异响的可能原因。

2．请简述气门异响故障的故障现象。

3．如何用人工直观检查法检测发动机异响故障？

项目三　汽车底盘故障诊断

任务1　传动系故障诊断

一、填空题（将正确答案填在横线上）

1. 汽车底盘传动系主要包括______________、______________、_____________、万向传动装置、驱动桥等核心部件。

2. 离合器的常见故障有______________、________________、______________和离合器异响等。

3. 变速器是汽车传动系统中至关重要的组成部分，它负责将发动机产生的动力传递给____________，并根据不同的行驶条件调整输出__________和__________。通过改变____________，变速器能够使汽车在起动、加速、爬坡和高速行驶等不同工况下保持最佳的性能表现。

4. 汽车常见的变速器类型有手动变速器（MT）和______________________。

5. 手动变速器的常见故障有__________、乱挡、__________和异响等。

6. 自动变速器的常见故障有______________________、自动变速器打滑、换挡冲击大、______________和自动变速器异响等。

7. 万向传动装置主要由______________、____________、中间支承、支架和连接件等组成。

8. 驱动桥的常见故障有________________、驱动桥过热和____________等。

二、选择题（将正确答案的序号填在括号内）

1. 传动轴发抖故障可能的故障原因不包括（　　）。

A. 传动轴弯曲　　B. 传动轴万向节损坏

C. 制动系统故障　　D. 传动轴动平衡不良

2. 变速器漏油的主要原因不包括（　　）。

A. 变速器壳体破裂　　B. 油封老化

C. 燃油系统故障　　D. 密封垫失效

3. 在汽车底盘传动系中，负责将变速器的输出动力传递到驱动桥的部件是（　　）。

A. 离合器　　B. 发动机　　C. 传动轴　　D. 制动器

4. 下列选项中，可能造成变速器出现换挡冲击的是（　　）。

A. 变速器油过脏　　B. 制动液不足

C. 发动机温度过高　　D. 轮胎气压不足

5. 变速器换挡困难可能的故障原因是（　　）。

A. 变速器油量不足　　B. 发动机过热

C. 制动系统故障　　D. 发动机动力不足

三、判断题（正确的打“√”，错误的打“×”）

1. 传动系的主要作用是将发动机产生的动力传递给驱动轮，使汽车能够正常行驶。（　　）

2. 离合器打滑一定是因为离合器从动盘摩擦片磨损严重。（　　）

3. 自动变速器换挡冲击大一定是因为变速器内部出现了故障。（　　）

4. 传动轴不平衡会导致车身振动和噪声。（　　）

5. 差速器的作用是使两侧车轮以不同转速转动。（　　）

6. 主减速器的作用是降低转速、增大扭矩。（　　）

7. 离合器自由行程过大或过小都会影响离合器的正常工作。（　　）

8. 变速器漏油一定是因为油封老化。（　　）

9. 手动变速器换挡时发出“咔嚓”声是正常的。（　　）

10. 对传动系进行故障诊断，应首先检查外观和油液。（　　）

四、简答题

1. 请简述造成驱动桥过热故障的可能原因及诊断方法。

2．请简述传动轴发抖或驱动桥半轴振动故障的诊断方法。

3．请简述传动轴不平衡的表现及危害，应如何检查和处理？

任务2　行驶系故障诊断

一、填空题（将正确答案填在横线上）

1．汽车底盘行驶系主要由________、________、________以及悬架等构成。

2．汽车底盘行驶系的常见故障有__________、__________、__________、行驶不平顺、车身横向倾斜和行驶无力等。

3．汽车电控悬架能够根据行驶需要，对________、________和车身高度等进行自动调节，提高车辆的________和________。

二、选择题（将正确答案的序号填在括号内）

1. 在汽车底盘行驶系中，减振器的主要作用是减少车辆行驶过程中的（　　）。

   A．振动　　B．噪声　　C．摩擦　　D．制动距离

2. 下列选项中，不属于汽车底盘行驶系故障的是（　　）。

   A．车辆行驶过程中出现车身摇摆　　B．轮胎异常磨损

   C．发动机过热　　D．悬架系统异响

3. 下列选项中，与车辆四轮定位不准有关的是（　　）。

   A．刹车失灵　　B．车辆跑偏

   C．发动机异响　　D．变速器换挡困难

4.（　　）损坏会导致车辆转弯侧倾加剧。

   A．转向节　　B．减振器　　C．刹车盘　　D．变速器

5. 车辆行驶过程中突然转向控制失灵，最有可能的故障原因是（　　）。

   A．制动系统失灵　　B．万向传动装置故障

   C．发动机熄火　　D．轮胎爆胎

三、判断题（正确的打“√”，错误的打“×”）

1. 传动轴或驱动桥半轴异响故障与传动部件的磨损程度无关。（　　）
2. 传动轴发抖或驱动桥半轴振动故障不会影响汽车的行驶稳定性。（　　）
3. 传动轴的动平衡检测是解决传动轴发抖问题的重要步骤之一。（　　）
4. 驱动桥过热故障只与齿轮油的质量和数量有关。（　　）
5. 驱动桥漏油故障不会影响汽车的正常行驶。（　　）
6. 传动轴异响故障与传动轴两端的万向节无关。（　　）
7. 汽车行驶跑偏故障诊断，应检查左右两侧轮胎的气压是否一致。（　　）
8. 驱动桥过热故障可能会由齿轮油油温过高所引起。（　　）
9. 转向轮摆动故障诊断，应首先检查前轮前束是否符合要求。（　　）
10. 驱动桥异响故障诊断，无须检查驱动桥壳体和齿轮的磨损情况。（　　）

四、简答题

1. 请简述车辆振动故障的诊断方法。

2．请简述车辆行驶跑偏故障的诊断方法。

3．请简述造成车辆行驶不平顺故障的可能原因及诊断方法。

任务❸ 转向系故障诊断

一、填空题（将正确答案填在横线上）

1．汽车底盘转向系的作用是改变和保持汽车的行驶方向，其主要由________、________和________三大部分组成。

2．机械转向系统的常见故障主要有________________、________________等。

3．液压助力转向系统是在机械转向系的基础上，增加了____________、__________、油罐、油管、________________等一整套液压助力装置。

4．电子助力转向系统主要由____________、________________、_______________、____________等组成。

二、选择题（将正确答案的序号填在括号内）

1．下列选项中，不属于液压助力转向系统常见故障原因的是（　　）。

A．转向油泵故障　　B．转向控制阀卡滞

C．制动系统失效　　D．转向油泄漏

2．在液压助力转向系统中，如果出现转向沉重，可能的故障原因是（　　）。

A．转向油泵失效　　B．轮胎气压过高

C．转向盘太轻　　D．路面太光滑

3．在转向系中，如果横拉杆球头损坏，会导致（　　）。

A．转向盘无法转动　　B．制动性能下降

C．车辆行驶方向不稳定　　D．发动机性能下降

4．在转向轮定位参数中，会影响汽车行驶稳定性的参数是（　　）。

A．主销后倾角　　B．车轮外倾角

C．前束角　　D．以上都是

5．在转向系中，如果轮胎气压不平衡，可能会导致（　　）。

A．轮胎磨损不均匀　　B．发动机抖动

C．转向盘自由行程变大　　D．转向失效

三、判断题（正确的打“√”，错误的打“×”）

1．液压助力转向系统的转向沉重故障一定与液压油不足有关。（　　）

2．电子助力转向系统的故障诊断不需要检查传感器和线路。（　　）

3．液压助力转向系统的油泵故障不会导致转向沉重。（　　）

4．在电子助力转向系统的故障诊断中，不需要检查 ECU（电子控制单元）。（　　）

5．转向系异响故障一定与转向机构的磨损有关。（　　）

6．转向系漏油故障不会影响车辆的安全性。（　　）

7．路试是转向系故障诊断必不可少的一步。（　　）

8．电子助力转向系统的传感器故障可以通过替换法进行测试。（　　）

9．在转向系故障诊断过程中，可以随意拆卸和更换零部件。（　　）

10．在液压助力转向系统故障诊断过程中，不需要检查转向油的质量。（　　）

四、简答题

1．请简述汽车转向沉重故障的诊断方法。

2．请简述液压助力转向系统的故障诊断方法。

3．请简述电子助力转向系统相比液压助力转向系统所具备的优势，以及电子助力转向系统常见的故障类型。

任务4 制动系故障诊断

一、填空题（将正确答案填在横线上）

1．汽车底盘制动系一般至少有两套独立的制动系统，分别是________和________。

2．液压制动系统主要由________、推杆、________、油管、________以及储液罐、________等组成。

3．液压制动系统的常见故障有________、________、________及制动拖滞等。

4．根据制动位置的不同，驻车制动装置可分为________和________两种类型。

5．ABS 的常见故障可以分为三类，即________、________和外界干扰。

二、选择题（将正确答案的序号填在括号内）

1．下列选项中，不会造成制动踏板行程过长的是（ ）。

A．制动液不足　　B．制动片磨损严重

C．轮胎气压过高　　D．制动总泵内部泄漏

2. 汽车制动时出现跑偏现象，最有可能的故障原因是（　　）。

A. 轮胎磨损不均　　B. 制动油管堵塞

C. 转向盘不正　　D. 悬架系统失效

3. 下列选项中，不会造成制动失灵的是（　　）。

A. 制动总泵故障　　B. 制动液泄漏

C. 轮胎气压过低　　D. 制动鼓磨损严重

4. 下列选项中，不属于制动系故障的是（　　）。

A. 制动拖滞　　B. 制动异响

C. 离合器打滑　　D. 制动跑偏

5. 下列选项中，不属于制动跑偏故障的是（　　）。

A. 制动时车辆向左或向右偏斜　　B. 紧急制动时车辆出现甩尾

C. 制动后车辆正常停稳　　D. 制动时转向盘需要不断修正

三、判断题（正确的打“√”，错误的打“×”）

1. 制动拖滞通常是由制动蹄片回位不良、制动卡钳卡滞等原因引起的。（　　）

2. 在气压制动系统中，储气筒气压不足会导致制动失效。（　　）

3. 在制动系统中，制动片磨损至极限厚度时应立即更换。（　　）

4. 对制动系统进行检查时，无须考虑制动管路是否老化或泄漏。（　　）

5. 对制动系统进行排气时，应从距离制动主缸最远的制动分泵开始。（　　）

6. 如果制动液含水量过高，会影响制动性能。（　　）

7. 汽车制动时，如果制动踏板有明显抖动，通常是由于制动盘不平整所致。（　　）

8. 对于液压制动系统，制动主缸和制动分泵都应保持密封良好。（　　）

9. ABS 系统工作时，车轮会完全抱死。（　　）

10. 在制动过程中，如果听到尖锐的金属摩擦声，这很可能是由于制动片已经磨损到了极限。（　　）

四、简答题

1. 请简述液压制动系统失效故障的诊断方法。

2．请简述液压制动系统制动拖滞故障的诊断方法。

3．请简述制动跑偏故障的诊断方法。

项目四　汽车电气设备故障诊断

任务❶　电源系统故障诊断

一、填空题（将正确答案填在横线上）

1. 汽车电源系统的主要功能是为汽车上的所有电气设备提供所需电力，其主要由______________、______________和电压调节器等构成。

2. 汽车电源系统采用的发电机为______________，其采用______________输出，具有较高的能量转换效率。

3. 汽车发电机的工作特性包括____________、____________和外特性，这些特性共同决定了发电机的工作效果。

4. 空载特性用于判断发电机的______________性能，输出特性反映了输出电压一定时________随转速的变化规律，而外特性则专注于判断转速一定时______与输出电流之间的关系。

5. 蓄电池的常见故障有__________________和________________等。

6. 发电机的常见故障有__________________、充电指示灯时亮时灭、充电电流过大和________________等。

二、选择题（将正确答案的序号填在括号内）

1. 启动发动机并加速到 1 500 r/min，用万用表测量发电机端子 B 电压，如果超过最大值的（　　），可确认是电压调节器故障。

A．10%　　B．15%　　C．20%　　D．30%

2. 发电机输出电压不稳定，可能的原因是（　　）。

A．发电机传动带过紧　　B．发电机或电压调节器故障

C．蓄电池亏电　　D．发动机转速过高

3. 在进行发电机传动带松紧度检查时，若传动带过松，应（　　）。

A．立即更换发电机　　B．调整发电机传动带张紧度

C．检查发动机　　D．检查发电机轴承

4. 蓄电池的充电指示灯在发动机启动后仍然点亮，说明（　　）。

A．蓄电池电量充足　　B．发电机正常工作

C．发电机未向蓄电池充电　　D．蓄电池需要更换

5. 下列选项不属于蓄电池常见故障的是（　　）。

A. 蓄电池无法充电　　B. 蓄电池外壳变形

C. 蓄电池非正常放电　　D. 变速器换挡不顺畅

三、判断题（正确的打“√”，错误的打“×”）

1. 电源系统的主要作用是为汽车提供稳定的直流电，确保各用电设备正常工作。（　　）

2. 蓄电池是汽车电源系统的唯一电源，负责在发动机不工作时为车辆提供电力。（　　）

3. 发电机通过传动带与发动机曲轴相连，由发动机驱动发电。（　　）

4. 发电机的输出电压和电流是恒定的，不受发动机转速的影响。（　　）

5. 电压调节器的作用是调节发电机的输出电压，使其保持稳定。（　　）

6. 蓄电池的充电过程是将化学能转化为电能的过程。（　　）

7. 蓄电池的极板硫化是蓄电池常见的故障之一，会导致蓄电池容量下降。（　　）

8. 发电机传动带过松或过紧都不会影响发电机的发电效率。（　　）

9. 发电机输出电压过高或过低都有可能是电压调节器故障所致。（　　）

10. 蓄电池的充电指示灯应在发动机启动后熄灭，表示充电系统正常。（　　）

四、简答题

1. 请简述汽车电源系统各组成部件的作用。

2．请简述蓄电池非正常自放电故障的诊断方法。

3．请简述发电机不充电故障的诊断方法。

任务❷ 照明系统故障诊断

一、填空题（将正确答案填在横线上）

1. 汽车照明系统主要包括________、________、外部信号灯和内部信号灯等。

2. 迈腾 B8 汽车的照明系统主要由________、__________和________等组成。

二、选择题（将正确答案的序号填在括号内）

1. 汽车左前照灯不亮，但右前照灯、示廓灯和转向灯均正常工作，此时应首先检查车辆的（　　）。

A. 左前照灯灯泡是否烧损　　B. 转向灯开关是否故障

C. 蓄电池电量是否充足　　D. 示廓灯电路是否短路

2. 下列选项中，不会造成汽车前照灯频繁损坏的是（　　）。

A. 灯泡质量不佳　　B. 灯泡散热不良

C. 发电机电压过高　　D. 蓄电池老化

3. 下列选项中，不会造成汽车左、右前照灯亮度不一致的是（　　）。

A. 电压调节器工作不良　　B. 反射镜灰暗

C. 灯泡老化　　D. 线路接触不良

4. 下列选项中，不会造成汽车前照灯亮度不足的是（　　）。

A. 灯泡老化　　B. 发电机输出电压低

C. 蓄电池老化　　D. 继电器故障

5. 在对汽车照明系统电路进行检查时，发现一根导线外皮破损并接触车身金属部分，这可能会导致汽车（　　）。

A. 灯光短路　　B. 灯光断路

C. 灯光正常但耗电量增加　　D. 灯光闪烁不定

三、判断题（正确的打“√”，错误的打“×”）

1. 检查照明系统线路时，可用万用表或试灯对线路进行逐段检查，以找出短路或断路的故障部位。（　　）

2. 转向信号灯的工作状态由转向信号灯开关直接控制，与闪光继电器无关。（　　）

3. 如果灯泡质量合格，近光光束调整合格后，远光光束一般也能合格。（　　）

4．若近光光束调整合格后，经复核，远光光束照射方向仍不合格，则应更换灯泡。（　　）

5．照明系统的故障诊断通常不涉及对车辆电气系统的全面检查。（　　）

6．更换前照灯灯泡时，必须先断开车辆的电源。（　　）

7．照明系统的故障诊断需要使用专业的诊断设备和工具。（　　）

8．照明系统故障一般不会影响车辆的其他电气系统。（　　）

9．更换前照灯总成时，须注意新总成要与原车的电气接口和安装位置相匹配。（　　）

10．如果汽车在行驶过程中，灯光出现闪烁或晃荡，说明是灯具未按要求安装固定到位，应检查和固定灯具。（　　）

四、简答题

1．请简述前照灯不亮故障的诊断方法。

2．请简述前照灯发光强度偏低故障的诊断方法。

3．请简述造成转向信号灯不亮故障的可能原因及诊断方法。

任务3 雨刮系统故障诊断

一、填空题（将正确答案填在横线上）

1. 汽车雨刮系统可分为______________和______________两种类型。

2. 传统雨刮系统主要由____________、____________和____________组成。

3. 迈腾汽车配备的智能雨刮系统主要由雨刮开关、__________________________、__________________________、转向柱电子装置控制单元（J527）、__________________________、机舱盖接触开关（F266）等组成。

二、选择题（将正确答案的序号填在括号内）

1. 如果雨刮系统只能在某一挡位工作，在其他挡位不能工作，最有可能的故障原因是（　　）。

A. 雨刮电机故障　　B. 雨刮开关损坏

C. 雨刮联动装置卡滞　　D. 风窗清洗泵故障

2. 如果雨刮片工作时出现跳动或抖动，最有可能的故障原因是（　　）。

A. 雨刮电机损坏　　B. 雨刮片老化或安装不平整

C. 雨刮联动装置松动　　D. 蓄电池电量不足

3. 如果雨刮系统在间歇挡工作正常，在低速挡和高速挡刮水速度异常缓慢，最有可能的故障原因是（　　）。

A. 蓄电池电量不足　　B. 雨刮电机故障

C. 雨刮片老化　　D. 雨刮联动装置调整不当

4. 检查雨刮系统电路发现熔丝未熔断，但雨刮系统不工作，此时应首先检查（　　）。

A. 雨刮电机是否故障　　B. 雨刮开关是否有信号输出

C. 风窗清洗泵是否故障　　D. 雨刮联动装置是否变形

5. 雨刮系统在行驶过程中突然停止工作，且无法重新启动，故障原因不可能是（　　）。

A. 雨刮电机烧毁　　B. 雨刮开关故障

C. 雨刮熔丝熔断　　D. 风窗清洗泵堵塞

三、判断题（正确的打“√”，错误的打“×”）

1. 雨刮系统的主要功能是刮除附着于车辆挡风玻璃上的雨水及污垢。（　　）

2. 雨刮片是雨刮系统中唯一的易损件，无须定期检查和更换。（　　）

3. 雨刮电机故障通常表现为雨刮片不动作或动作缓慢。 (　　)
4. 雨刮熔丝熔断后，雨刮系统将完全失效。 (　　)
5. 雨刮系统故障不影响行车安全。 (　　)
6. 雨刮臂弯曲变形不会影响雨刮片的刮水效果。 (　　)
7. 更换雨刮片应确保新雨刮片与挡风玻璃完全贴合。 (　　)
8. 雨刮联动装置损坏会导致雨刮片无法回到原始位置。 (　　)
9. 雨刮系统故障诊断，应先检查外部可见的机械部件。 (　　)
10. 对雨刮系统进行定期维护可以延长其使用寿命和提高刮水效果。 (　　)

四、简答题

1. 请简述雨刮系统的常见故障及故障原因。

2. 请简述雨刮系统不刮水故障的诊断方法。

3．请简述雨刮系统不喷水故障的诊断方法。

任务4 空调系统故障诊断

一、填空题（将正确答案填在横线上）

1．汽车空调制冷系统主要由____________、____________、冷凝器/冷却风扇、____________、____________、鼓风机以及相关管路、控制电路和电磁离合器等组成。

2．制冷剂在汽车空调制冷系统中的循环过程包括__________、____________、___________和_________四个阶段。

3．汽车空调系统的常见故障有___________、制冷效果不佳、____________、供暖效果不佳或不供暖等。

4．检查制冷剂的液量和品质时，应首先启动发动机，打开空调制冷开关，然后从视液镜中观察制冷剂的状态。正常情况下，视液镜中看到的制冷剂应_________、不混浊、__________、平稳流动。

5. 导致压缩机性能下降的主要原因包括__________________、压缩机缸盖密封垫漏气以及_______________等。

二、选择题（将正确答案的序号填在括号内）

1. 在汽车空调系统中，(　　)可将制冷剂由气态转化为液态。

A. 压缩机　　B. 冷凝器　　C. 蒸发器　　D. 膨胀阀

2. 汽车空调系统制冷时，若膨胀阀堵塞，会导致(　　)。

A. 制冷效果增强　　B. 制冷效果减弱或丧失

C. 空调制热　　D. 制冷剂泄漏

3. 下列选项中，不会导致空调系统压力过高的是(　　)。

A. 制冷剂添加过多　　B. 冷凝器散热不良

C. 蒸发器结霜　　D. 制冷剂泄漏

4. 测量空调系统压力时，如果低压侧压力偏低，高压侧压力偏高，说明(　　)。

A. 制冷剂不足　　B. 高压侧有堵塞

C. 制冷剂充足　　D. 低压侧有堵塞

5. 当制冷剂过多时，会导致(　　)、吸气温度降低以及排气温度升高。

A. 压缩机电流变小、高压区和低压区压力降低

B. 压缩机电流变大、高压区和低压区压力升高

C. 压缩机电流变小、高压区和低压区压力升高

D. 压缩机电流变大、高压区和低压区压力降低

三、判断题（正确的打“√”，错误的打“×”）

1. 若制冷剂中混入了空气，当制冷剂通过膨胀阀节流孔时，可能会产生“冰堵”现象。(　　)

2. 空调压缩机是空调系统的动力源，负责将制冷剂从低压区抽至高压区。(　　)

3. 空调系统制冷剂不足时，会导致制冷效果不佳，但不会影响压缩机寿命。(　　)

4. 压缩机传动带过松或过紧都会影响空调系统的正常工作。(　　)

5. 冷凝器堵塞会造成空调系统制冷剂循环不畅，影响制冷效果。(　　)

6. 鼓风机不转时，空调系统仍然可以制冷，但无法将冷风送入车内。(　　)

7. 制冷剂泄漏是空调系统常见的故障之一，可通过测漏仪进行检测。(　　)

8. 若空调系统中的温度传感器损坏，会导致空调系统无法正常工作或工作不稳定。(　　)

9. 制冷剂过多会导致空调系统的制冷效率下降，并可能损坏压缩机。(　　)

10．空调系统的压缩机离合器打滑不会导致压缩机无法正常工作，也不会影响制冷效果。（ ）

四、简答题

1．请简述制冷剂在汽车空调系统中的循环过程。

2．请简述汽车空调系统不制冷故障的诊断方法。

3．请简述汽车空调系统供暖效果不佳或不供暖故障的诊断方法。